Preußen

und

die italienische Frage.

〜〜〜〜〜〜〜〜

„Die Welt soll erstaunen, wie vortrefflich
wir uns auf den Undank verstehen."

Fürst Felix von Schwarzenberg.

Springer-Verlag Berlin Heidelberg GmbH
1859

ISBN 978-3-662-40594-9   ISBN 978-3-662-41072-1 (eBook)
DOI 10.1007/978-3-662-41072-1

Inhalt.

1.

Die Politik der Gemüthlichkeit.

„Die Welt soll erstaunen, wie vortrefflich wir uns auf
den Undank verstehen!" In diesem Satz, der in der That
keinen gewöhnlichen Geist verräth, faßte Fürst Felix von
Schwarzenberg das Wesen der östreichischen Politik zusam=
men. Wäre er ein Gelehrter gewesen, so hätte er Schillers
„Dank vom Hause Oestreich" und die ganze östreichische
Geschichte anführen können. Er war ein Staatsmann, dem
Einfälle und Handlungsweise selbstwüchsig entstanden.

Uns Preußen aber muthet man zu, nicht etwa dankbar
zu sein (dafür läßt sich Manches hören, auch wenn man
noch so sehr „Staatsmann" ist), sondern Undank, Belei=
digung, Beeinträchtigung jeder Art mit todesmuthiger Auf=
opferung zu vergelten. Wenn das nicht deutsche Gemüth=
lichkeit ist?!

Laßt doch einmal Oestreichs Ansprüche auf unsere Dank=
barkeit sehen! Nicht etwa von alter Zeit her, wiewohl es
nahe läge, von dem Ahnherrn des Fürsten Schwarzenberg
die Geschichte der östreichischen Verdienste um Preußen zu
beginnen. Selbst die Union und Olmütz übergehen wir,
um nicht Allzugeläufiges zu wiederholen. Nur ein Paar
kleine Beispiele aus der jüngsten Zeit. Oestreich hat Preu=

ßen gezwungen, Schleswig-Holstein den Dänen zu über-
liefern, „weil", so erklärte die officielle östreichische Corre-
spondenz, „ein deutsches Schleswig-Holstein den Einfluß
Preußens im deutschen Norden, am deutschen Meere sicherer
stellen könnte". — In Neuenburg hatte eine revolutionäre
Regierung diejenigen Neuenburger, welche die rechtmäßige
Regierung aufrecht halten wollten, in's Gefängniß geworfen.
Es handelte sich nicht um die Machtstellung des preußischen
Staats, nur um die Ehre der preußischen Herrscher. Es
war ein unerhörter Schimpf für den Herrscher eines Groß-
staats, die Anhänger seines Rechts um dieses Rechts willen
im Gefängniß zu sehen. Als Preußen die Befreiung der
neuenburger Königsfreunde von der Schweiz drohend ver-
langte, da erklärte Oestreich, der Durchmarsch preußischer
Soldaten durch die süddeutschen Gebiete könne nur durch
einen Bundesbeschluß gestattet werden. Daß Preußen den
neuenburger Handel auf leidliche Weise beendigen konnte,
verdankte es der Gefälligkeit des Kaisers Napoleon
und dem guten Willen der süddeutschen Regierungen, welche
ihre Gebiete diesmal Oestreich zum Trotz freiwillig den
preußischen Heeren öffnen wollten. Der gute Wille Oestreichs war, daß Preußen auch in dieser Angelegenheit so
viel Spott und Beeinträchtigung als möglich davontrage. —
Als durch die Krankheit unseres Königs in Folge gewisser
Bemühungen die Staatsleitung Preußens, zuwider der Ver-
fassung und dem dringenden Gebot der Staatsweisheit,
in eine gefährliche Unsicherheit zu gerathen drohte, da hat
Oestreich alle geheimen Hebel der Diplomatie und des hö-
fischen Einflusses aufgeboten, die Einsetzung der Regentschaft
zu verhindern.

Zur Vergeltung für Alles das sollen wir für die italie=
nische Herrschaft Oestreichs gegen Frankreich in den Kampf
gehen. Wenn das nicht deutsche Gemüthlichkeit ist?! Laßt
doch einmal die Folgen dieser Gemüthlichkeit sehen!

Das ganze Gewicht des Kampfes wäre sofort an den
Rhein verlegt und den Kampf hätte Preußen allein zu
führen. Denn Oestreich — hätte sich an Sardinien zu
rächen, müßte die befreundeten italienischen Regierungen
gegen die Revolution beschützen, müßte seine russische Grenze
decken, dürfte seine eigenen Provinzen Galizien, Ungarn,
die Südostgrenze, nicht zu sehr entblößen. Unsere, die preu=
ßische Küste aber würde von der französischen Flotte blokirt.
Von weiteren Gefahren, von der bedenklichen Stellung
Dänemarks und ihren Folgen in solchem Fall, will ich gar
nicht sprechen. England wäre nicht in der Lage, diese Ge=
fahren von uns abzuwenden, wie später noch gezeigt wer=
den soll.

Ist nun meine Meinung, daß Preußen mit seinen eige=
nen Kräften einen Krieg gegen Frankreich nicht führen kann
und darf? Nicht im Geringsten! Wir können den Kampf
mit Frankreich bestehen, und wir sollen es, wenn es sich
um einen großen preußischen Gewinn handelt; obwohl der
Kampf uns ungeheure Opfer auferlegt, und obwohl wir
auch auf einen nachtheiligen Ausgang gefaßt sein müssen.

Wenn wir jetzt für Oestreich kämpften und siegreich
kämpften, was würde die Folge sein?

Wir hätten eine ungeheure Kriegsschuld, eine gewaltige
Erschöpfung unseres aufblühenden Wohlstandes, den Verlust
zahlloser kostbarer Menschenleben und allerdings das stolze
Bewußtsein eines Sieges. Der Sieg würde unser Ansehen,

das Vertrauen auf unsere Kraft allerdings heben. Auf eine
beträchtliche Zeit aber wären wir zu jeder neuen Anstrengung
unfähig. Nach der nothwendigen Ueberspannung unserer
Kräfte bedürften wir zur Erholung längere Zeit, als jede
andere Großmacht. Das wüßten die andern Großmächte.
Darum wäre jetzt die Erntezeit für Dänemark, welches die
Gelegenheit wahrnähme, wo wir uns einem neuen Conflict
mit den Großmächten am wenigsten aussetzen könnten. Das
wäre die Erntezeit für Oestreich, seine Zolleinigungs = und
östreichischen Bundesstaatspläne zu verwirklichen. Das wäre
die Blüthezeit der Herren von Pfordten und Genossen, die
sogenannten deutschen Mittelstaaten auf Kosten der Klein=
staaten zu verstärken und bei jeder Gelegenheit ihr Haupt
gegen Preußen hoch zu heben. Das Schlimmste aber wäre der
unauslöschliche Haß der französischen Nation. Solchen Haß
hat uns selbst Leipzig und Waterloo nicht eingetragen, weil
ein tiefes, obzwar verleugnetes Bewußtsein den Franzosen
sagt, daß sie damals die Unterdrücker waren. Dieser ganz
unnütz hervorgerufene französische Haß wäre ein Element
ungeheurer Schwäche und Gefahr für Preußen, ein Element,
in welchem die östreichische Politik ihren Hauptfang thun
würde. Dieser Haß könnte möglicherweise das ganze Macht=
streben Frankreichs von dem Mittelmeer und der romani=
schen Welt, wo es berechtigt ist, nach den Ufern des
Rheins und der Nordsee lenken. Auf Oestreich, das den
Kampf nicht geführt, wenigstens die Entscheidung nicht ge=
geben, welches der angegriffene Theil gewesen, fiele von
diesem Haß Nichts. Oestreich würde diese Situation gerade
so ausbeuten, wie jetzt Frankreich es ausbeutet, daß der
russische Haß vom orientalischen Krieg her nicht auf die

Westmächte gefallen, welche nach russischem Gefühl heraus=
gefordert waren, sondern auf Oestreich, das nach russischer
Meinung unberufen und im gefährlichsten Momente das
Gleichgewicht des Kampfes verrückt, in einem Moment, wo
seine Einmischung Vertrauensbruch war.

Alle diese Folgen waren vergegenwärtigt unter der
Voraussetzung, daß wir siegen. Wenn wir aber im Nach=
theil bleiben? Es wird uns ja täglich gepredigt, daß der
Rhein am Po vertheidigt werden muß. So wird Oestreich
es wohl wichtiger finden, das linke Ufer des Po, als das
linke Rheinufer zu behaupten. Zu einem solchen Schluß
könnten wir um so eher gelangen, als Oestreich den Frieden
aus allen Kräften beschleunigen muß und einen lange sich
hinziehenden Kampf gar nicht aushalten kann.

Unser Kampf gegen Frankreich wäre die großmüthigste
Ablenkung einer fremden Gefahr, welche die Weltgeschichte
je gesehen! Und zwar zu Gunsten des ungroßmüthigsten
und unbarmherzigsten Gegners. Damit aber hörte unsere
Handlungsweise in der That auf, großmüthig zu sein, und
es wäre darauf ein anderer Ausdruck anzuwenden, den wir
vorläufig froh sind zu finden nicht nöthig zu haben.

Das ist die Politik der Gemüthlichkeit!

2.

Italien und Napoleon.

———

Aber ist die öſtreichiſche Gefahr in Italien auch wirklich
eine fremde Gefahr? „Deutſche Macht, wo ſie auch Fuß
gefaßt hat", ſagt ein Weiſer der augsburger allgemeinen
Zeitung, „zu halten, iſt eine allgemeine deutſche Sache."*)
Wo deutſche Soldaten geſchlagen werden, da ergrimmt ein
deutſches Herz. Soweit ſind wir ſelber gemüthlich und
wollen es ſein. Nur muß die Sache, die von deutſchen
Soldaten vertheidigt wird, auch eine gute, eine deutſche
Sache ſein; wenn nicht, ſo zürnen wir der Politik, welche
deutſches Blut für falſche, für ſchlechte Zwecke verſpritzt,
und nicht den Feinden. Das Gegentheil iſt verſtandloſe,
iſt kindiſche Gemüthlichkeit. Und jetzt müſſen wir uns wider
den Weiſen der Augsburger erklären. Es iſt nicht eine
gemeine deutſche Sache, die deutſche Macht an jedem Punkt
zu halten, wo ſie ſich hin begeben hat, ſondern nur da, wo
ſie hingehört, wo ſie einen wahrhaften Beruf hat. Wenn
wir an Einem Punkte deutſcher Machtausdehnung die Schranken der Sittlichkeit und der dauernden Haltbarkeit mißachten,

———

*) Beiläufig: Warum hat die Augsburger, die jetzt wie ein altes
Weib heult und ſchreit, den obigen Satz nicht vertheidigt, als Preußen aus Neuenburg verdrängt wurde? Warum hat ſie nicht wenigſtens
geſchwiegen, anſtatt den Gegnern Preußens ihre Spalten zu öffnen?

so ist lediglich die Folge, daß wichtigere und echte Glieder Deutschlands darunter leiden.

Welches Recht hat die östreichische Herrschaft in Italien? Wir sind nicht sentimental. Wir halten an dem Satze fest, daß eine schwache, eine verkommene, eine barbarische Volksthümlichkeit, eine Volksthümlichkeit, die aus einem dieser Gründe schöpferisch nicht mehr ist oder noch nicht gewesen ist, von einem stärkeren Volksthum bis zur Auflösung unterdrückt werden darf, wenn das stärkere Volk dazu die Kraft hat. Verdienen die Italiener dieses Schicksal? Und hat Oestreich die Kraft, es ihnen zu bereiten? Oder ist die östreichische Herrschaft vielleicht ein schwerer politischer Fehler, der an Oestreichs besten Kräften zehrt, ohne diesem Staat die geringste Aussicht zu geben, daß er italische Glieder jemals dem östreichischen Körper dauernd anbilden könne? Wenn aber das Unternehmen aussichtslos ist, dann ist es auch eine Sünde. Denn es führt zur Verschwendung edler Kräfte auf beiden Seiten und gewährt der Welt den Anblick grauenvoller Leidenschaften, ohne Ziel und Ende. Prüfen wir diese Frage.

Daß die Italiener das Schicksal der volksthümlichen Selbstlosigkeit nicht verdienen, davon ist Ein Beweis ihr verzweifeltes Ringen nach volksthümlichem Leben und Selbstständigkeit. Solches Ringen kann allerdings auch der Krampf der Ohnmacht sein, und es gibt ja Leute bei uns genug, welche dem italienischen Volk den Anspruch auf Leben bestreiten wollen. Entschieden werden solche Fragen nur durch die Geschichte. Wenn ein Volk ein gehaltvolles Leben entfaltet, dann wissen wir, daß es Anspruch darauf hatte. Aber die Frage der italienischen Zukunft im Vor=

aus gegen das italische Volk entscheiden, das kann im Hin-
blick auf Italiens Vergangenheit und Gegenwart nur die
rohe Oberflächlichkeit und die frivole Anmaßung. Keines
der christlichen Culturvölker hat Italien übertroffen mit dem
Beitrag, welchen diese Völker zur gemeinsam europäischen
Gesittung und Bildung gesteuert haben. Wo ist ein Feld
edler geistiger Thätigkeit, auf welchem italienische Namen
nicht in erster Reihe stehen? Schaarenweis fallen die Namen auch dem Ununterrichteten bei. Die große Cultur-
schöpfung der mittelalterlichen Christenheit, das Papstthum
und der Organismus der katholischen Kirche, Staatsmänner
und politische Denker, die Fürsten der bildenden Kunst,
Gründer und Mitherrscher im Reiche der Tonkunst, Entdecker und Ausbilder wesentlicher Grundformen der neu-
europäischen Poesie, rühmlicher Antheil an der Wissenschaft,
Entdecker der neuen physischen Welt, das Alles knüpft sich
an italische Volksthümlichkeit, an das Volksthum, wie es,
als ein in den Hauptzügen gleichartiges, aus der römisch-
germanischen Mischung hervorgegangen ist. Und wem die
nächste praktische Welt am wichtigsten dünkt, der erinnere
sich, daß unsere angehenden Kaufleute sofort durch Disconto,
Saldo, Banco, Lombard u. s. w. belehrt werden, daß die
Italiener die Gründer der modernen Handelstechnik sind.

Daß Niemand die verkommenen Zustände der Gegenwart anführe, zum Beweis, daß die italienische Hervor-
bringungskraft erschöpft sei. So albern es ist, eine welt-
geschichtliche Stellung, wie die Englands, auf bloßes Glück,
Insellage u. s. w. zurückzuführen, so voreilig und kurzsichtig
ist es, das Unglück eines so genialen Volkes, wie des italienischen, blos in unheilbaren Mängeln der Anlage, und

nicht auch in der Schwere äußerer Geschicke suchen zu wol=
len, deren Druck auch einmal durch äußere Fügung besei=
tigt werden kann. Das italienische Volk hat mit dem deut=
schen die Entartung des Individualitätstriebes gemein, der
aber nicht durch unbezwingliche Anlage, sondern durch histo=
risches Unglück entartet ist. Die locale Widerspenstigkeit ist
bei allen europäischen Völkern zu besiegen gewesen. In
Deutschland und Italien hat es die Geschichte gewollt, daß
diese edlen Völker nicht gleichzeitig mit den hierin bevor=
zugten europäischen Nationen die volkseinigende Kraft her=
vorbringen konnten. Die Mächte der mittelalterlichen Welt,
Kaiserthum und Papstthum, gehörten die eine Deutsch=
land, die andere Italien an. Weder das Kaiserthum noch
das Papstthum eigneten sich zum nationalen Mittelpunkt.
Das Kaiserthum ward dadurch unfähig, daß es einem ex=
centrischen, einem in seiner Grundrichtung bis heute un=
deutschen Staatswesen anheim fiel. Die Centralisirung
Deutschlands unter Habsburg wäre gleichbedeutend mit aus=
ländischer Eroberung, gleichbedeutend mit Zerstörung der
deutschen Volksthümlichkeit, und, was mit andern Worten
dasselbe ist, gleichbedeutend mit dem Untergang des Pro=
testantismus gewesen. Das Papstthum ist seiner Natur
nach mit der Unfähigkeit geschlagen, einen nationalen Staat
weltlicher Sittlichkeit zu gründen. Deutschland und Italien
hatten also, bevor sie zur Volkseinigung gelangen konnten,
ungleich den hierin bevorzugten Völkern, anstatt sich um
den natürlich gegebenen Mittelpunkt, den nationalen Herr=
scher, zu sammeln, die gewaltige Aufgabe, sich von einem
falschen Centrum zu befreien, das doch in ihrem Leben tiefe
geschichtliche Wurzeln hatte. Beide Völker haben diese Auf=

gabe noch nicht gelöst. Wer an dem Glück und der Größe
Italiens verzweifelt, der muß auch an dem Glück und der
Größe Deutschlands verzweifeln. Viele zweifeln an beiden,
weil sie beide hassen. Daß die Lage Deutschlands besser
ist, als die Italiens, wenn auch ebenso fern von dem Le-
bensziel eines Volks, dessen sollen wir uns nicht hochmü-
thig überheben, sondern die Gunst des Geschickes preisen
und unsere Dankbarkeit durch Gerechtigkeit bezeigen, durch
Gerechtigkeit uns einen weiteren Anspruch auf eignes Glück
erwerben. Italien ist gegen Deutschland durch das schwere
Mißgeschick benachtheiligt, daß es der ausländischen Eroberung viel anlockender und als eine schmale, lang hinge-
streckte Halbinsel viel zugänglicher ist, daß seine kleinere
Bevölkerungszahl es leicht in ein ungünstigeres Verhältniß
zum Gegner bringt, daß der Einfluß des Papstthums ihm
allen Segen protestantischer Wirkungen, den doch auch katholische Bevölkerungen vielfach empfunden haben, abgeschnit-
ten hat.

Wären die Italiener der Ausdehnung und Zahl nach
eine so starke Nation, wie wir, sie hätten mit ihrer prak-
tischen Energie längst sich vom Papstthum und Getheiltheit
befreit und wären vielleicht durch manche gewaltsame Bewegung hindurch zu einem gesunden Leben gelangt. An
diesem heilsamen Werke hindert ausländischer Egoismus,
welcher die italienische Getheiltheit und die päpstliche Gewalt seinen Zwecken für dienlich erachtet, das italienische
Volk. Die größte Schuld dieser ausländischen Einwirkung
trägt Oestreich. Die Folge dieser Einwirkung ist die heutige italienische Frage.

Nicht genug, daß Oestreich einen beträchtlichen Theil

italienischer Bevölkerung unter seiner, einer Fremdherrschaft, hält. Oestreich hält durch seinen Einfluß im Kirchenstaat die schlechteste Verwaltung aufrecht, die inmitten gesitteter Völker gesehen worden ist, einen wahrhaft europäischen Scandal. Dies war der Staat des Papstes schon zu Goethe's Zeiten, und darin hat sich, unerhört, bis auf den heutigen Tag Nichts geändert, durch die Einmischung östrei= chischer Uebermacht Nichts ändern dürfen. Denselben Scha= den stiftet Oestreich in Parma, Modena, Toskana und Neapel, d. h. in ganz Italien, mit Einer Ausnahme. Den= selben Schaden hat der östreichische Einfluß in Sardinien gestiftet, bis das savoyische Königshaus ihm durch einen heroischen und edlen Entschuß ein Ziel gesetzt hat. Daher die heutige Feindschaft zwischen Oestreich und Sardinien. Es heißt, Oestreich müsse die italienischen Regierungen ge= gen die Revolution beschützen. Elende Sophisterei! Wo wären wir in Deutschland, wenn Oestreich alle Fortschritte, welche, durch Volksbewegungen veranlaßt, in deutschen Land= schaften seit 1830 gemacht sind, unter jenem Vorwand durch seine Soldaten hätte niederschlagen dürfen? Ihr wehrt Frankreich seine Revolutionen nicht, Ihr wehrt sie Spanien nicht, weil Ihr nicht könnt. Warum soll es europäische Pflicht sein, in Italien beständig einzugreifen? Die euro= päische Pflicht ist ein elender Vorwand. Die wahren Be= weggründe sind Egoismus und Herrschsucht. Wenn Jemand kommt, der es Euch wehrt, so wird sich zeigen, daß Eu= ropa ohne Euer italienisches Eingreifen ganz gut besteht, ja, daß Europa wesentlich gebessert ist.

Freilich, denken wir uns das außeröstreichische Italien, nicht etwa geeinigt, sondern nur seine jetzigen selbständigen

Theile einigermaßen menschlich und volksthümlich regiert,
mehr oder minder ähnlich wie Sardinien, so steigert sich
allerdings die Gefahr, die östreichischen Besitzungen in Italien zu halten, wenigstens scheinbar. Denn die volksthümlichen Regierungen Italiens würden sich an einander schlie-
ßen, Abneigung und Mißtrauen gegen den Staat, welcher
einen beträchtlichen Volkstheil unter Fremdherrschaft hält,
würden gemeinsam sein. Dennoch wäre die Schwierigkeit
des östreichischen Besitzes vielleicht nur scheinbar größer als
gegenwärtig. Wenn Oestreich seinen italienischen Provinzen,
bis zu einer bestimmten Grenze wenigstens, gemeinsame
Einrichtungen mit dem übrigen Italien gewährte, so würde
ein Bund volksthümlicher Regierungen sich nicht leicht zu
Schritten der Verzweiflung hinreißen lassen, wie es jetzt
Sardinien thut und thun muß. Denn die Logik ist unerbittlich: Sardinien muß entweder, sein jetziges Staatswesen
aufgebend, in den allgemeinen Sumpf italienischer Fäulniß
zurücksinken, oder es muß der Ausgangspunkt einer gesammt-
italischen Verbesserung werden. Die Lage der italienischen
Besitzungen Oestreichs würde unter allen Umständen schwierig
bleiben, aber unter keinen schwieriger als jetzt, wo Oestreichs
Stellung zu dem furchtbaren Unrecht geführt hat, ein gan-
zes edles Volk unter der verderblichsten Mißregierung zu
halten und dieses Volk zu beständiger Verzweiflung zu
treiben.

Oestreichs Verhalten in Italien hat allerdings noch andere Gründe, als die bloße Behauptung seiner Besitzungen.
Wenn das römische Volk nach Abschaffung der geistlichen
Verwaltung, nach Einschränkung des Papstes auf seine kirch-
liche Gewalt verlangt, so könnte die Durchführung dieses

gerechten Wunsches kritisch werden für die ganze Stellung des Papstthums in der katholischen Welt. Wenn italienische Regierungen Preßfreiheit, freie wissenschaftliche Untersuchung, religiöse Duldung, Unabhängigkeit des Staats von der Kirche einführen, so ist der Katholicismus in Italien mehr als gefährdet. Wenn er auf seiner historischen Gründungs= stätte, auf seinem vielhundertjährigen klassischen Boden eine andere Form annehmen könnte, so müßten sich hiergegen alle Leidenschaften und Bestrebungen verschwören, die mit der alten Form des Katholicismus zusammenhängen. Dies ist der wahre Kern der Frage. Nichts hängt enger mit der alten Form des Katholicismus zusammen, als das östreichische Staatssystem.

Das östreichische Staatswesen, aus so ungleichartigen Völkerbruchstücken zusammengesetzt, kann dennoch durch me= chanische Gewalt nicht zusammengehalten werden. Auch nicht durch die Pflege des bloßen Erwerbs. Eine geistige Macht, ein moralischer Kitt, ist allein fähig, die Staaten im letzten Grunde zusammenzuhalten. Kann diese geistige Macht nicht die freie Seele eines schöpferischen Volksthums sein, so muß man den entäußerten Geist des Katholicismus an die Stelle jener sittlichen Macht setzen, muß mit diesem Geist zu herrschen wenigstens versuchen. Daher der uralte Bund Oestreichs mit dem Katholicismus, daher die frühere tödtliche Verfolgung des Protestantismus in allen Ländern der habsburgischen Macht, daher das neueste Concordat. Und nicht nur im Innern muß der Katholicismus dem Zu= sammenhalt Oestreichs dienen. Dieser Bund steigert ebenso Oestreichs Macht außerhalb seiner Grenzen. Als die vor= zugsweise katholische Macht übt es Einfluß auf die katholische

Bevölkerung Deutschlands. Als des Papstes treuester Sohn
feſſelt Oeſtreich das Leben Italiens zum Schutz, nicht der
Perſon, ſondern der Gewalt des Papſtes. Oeſtreichs jetzige
Bedeutung beruht weſentlich darauf, eine kulturhemmende
Macht zu ſein, trotz aller neuerdings aufgewandten Sorg-
falt für Erwerb und Verkehr. Das iſt der Fluch einer
Stellung, aus welcher nur ein großer, folgenreicher Ent-
ſchluß es retten kann, der auf ganz neue Bahnen führt.

Vielleicht wird man dies Alles zugeben. „Aber“, wird
man rufen, „welchen Beruf hat Napoleon, deſſen Gewalt
in Urſprung und Ausübung die nackteſte Eigenmacht bekun-
det, das Volksthum Italiens herzuſtellen? Haben nicht
franzöſiſche Truppen die römiſche Republik gebrochen? Sind
es nicht franzöſiſche Soldaten, die den Papſt in Rom be-
ſchützen? Glaubt man, daß die franzöſiſche Verdrängung
der Oeſtreicher für Italien etwas Anderes, als einen Tauſch
der Fremdherrſchaft bedeute? Steht das napoleoniſche Re-
giment in dem Ruf, volksthümlicher zu ſein, als das habs-
burgiſche?“ Dies heißt nach dem Schein urtheilen. Nicht
auf den Geſchmack Napoleons kommt es an, ſondern auf
das, was er muß, und der Mann iſt bedeutend genug,
daß ſeine Thaten die Nothwendigkeit der Dinge voraus-
nehmen, anſtatt, wie der kurzſichtige Egoismus, an ihr zu
zerſchellen.

Zunächſt iſt zu ſagen, daß die Italiener recht thun, ihr
Schickſal in Napoleons Hände zu legen. Sich allein helfen
können ſie nicht. Schlechter, als es iſt, kann es mit ihnen
nicht werden. Wohl aber liegt bei verzweifelten Zuſtänden
ein Heil in der Veränderung als ſolcher. Sie erhält wenigſtens den Volksgeiſt in Thätigkeit. Die ſich regende

Verzweiflung ist immer noch aussichtsvoller, als die stumpfe
Erstarrung. Allein der Schritt der Italiener ist so ver=
zweifelt nicht, als er scheint. Napoleon kann weder Italien
Frankreich einverleiben. Dann hätte er alle Großmächte
gegen sich, die er jetzt zum Theil für sich hat, und bald
das italienische Volk. Noch kann Napoleon, gleich Oest=
reich, einen Kreis unvolksthümlicher Regierungen einsetzen
und sklavisch von sich abhängig machen. Das hieße Italien
in die Arme eines neuen Beschützers und Befreiers treiben.
Das hieße Oestreich die jetzt so dankbare Rolle Frankreichs
in Italien überliefern und dafür seinerseits die undankbare
und gefährliche Rolle übernehmen. Denn sobald es auf die
Wiederherstellung zerstörter Zustände verzichtete, könnte Oest=
reich einem ebenso, wie bisher, nur in anderer Form un=
terdrückten Italien gegenüber, sehr wohl die Rolle des
Befreiers gewinnen.

Was will Napoleon? Was bezweckt die italienische Un=
ternehmung? Napoleon will seine persönliche Herrschaft und
die Zukunft seiner Dynastie in Frankreich sicher stellen.
Für den Augenblick übt er in Frankreich eine großartige
Unterdrückung aller selbstthätigen Regungen des Volks. Diese
Unterdrückung ist nothwendig. Nur ein solches Herrscher=
geschlecht kann die mannichfachen Aeußerungen des Volks=
geistes sich frei regen lassen, welches entweder so glücklich
ist, in seinem Bestande von keiner Partei, auch bei der
größten Freiheit, angefochten zu werden, oder welches we=
nigstens hinlänglich feste Wurzeln im Lande und Volke ge=
schlagen, um die offenen Aeußerungen der Feindschaft von
Seiten einer oder mehrerer Parteien nicht fürchten zu müssen.
Die glanzvollen Erinnerungen des ersten Kaiserreichs und

2*

seine zum Theil noch fortdauernden wohlthätigen Einrichtungen reichen nicht hin, den Bonapartes jene Wurzeln zu
geben. Denn gar zu Vieles von jenen Erinnerungen ist
nur Erinnerung, Erinnerung, die einen ehemaligen, keinen
gegenwärtigen Besitz bedeutet, eine schmerzliche Erinnerung,
welche den Gedanken großer Verluste und unzertrennlich
davon den Gedanken großer Fehler wach ruft. Die napo-
leonische Dynastie, das hat der jetzige Kaiser oft unverholen
ausgesprochen, muß dem französischen Volke ein großes Geschenk machen, ein Geschenk, welches mit dem Bestande der
Dynastie unzertrennlich verknüpft ist. Sie muß dem französischen Volke eine fruchtbare Weltstellung, dem National-
geist eine wohlthätige Richtung geben, zu welcher er dieser
Dynastie bedarf. So wird die Dynastie dem Willen des
Landes, auch wenn er sich frei erheben darf, zugleich theuer
und unentbehrlich sein. Kann die volksthümliche Organisation Italiens dieses Geschenk darstellen?

Der Kaiser, wie man auch von ihm denken möge, ist
ein zu gebildeter Geist, um blos auf die schlechten Eigen-
schaften der Menschen seine Rechnung zu stellen. Er rech-
net, anders denkend wie der Fürst Schwarzenberg, auf die
Dankbarkeit der Völker. Er glaubt, daß die Wohlthat der
italienischen Befreiung von der Fremdherrschaft, der fort-
gesetzte Schutz eines volksthümlich eingerichteten italienischen
Staatenbundes, gerade bei uneigennütziger Durchführung,
d. h. bei einer Durchführung, die nach vollendetem Werk
sich von jedem überflüssigen Eingreifen fern hält, zwischen
Italien und Frankreich ein Band schlingen müsse, welches
für Frankreich vom höchsten Werth sei. Er glaubt, daß
eine edle That des französischen Volkes, durch die napo-

leonische Dynastie vollbracht, nicht nur das ideale Gefühl
der Franzosen befriedigen, sondern Frankreich auch in Ita=
lien einen Bundesgenossen zuführen müsse, der für Frank=
reichs Stellung im Mittelmeer, für die Pläne in Afrika,
für die einstige Theilung der orientalischen Welt eine ebenso
natürliche als bedeutende Unterstützung zu gewähren ver=
möge. Natürlich, weil Italien in den französischen Plänen
überall den eigenen Vortheil finden würde. Dazu müssen
die Kräfte Italiens durch eine entsprechende Organisation
sich heben und erstarken. Dies ist der kaiserliche Plan.
Doch hat dieser Plan noch andere Seiten. Gegenwärtig
entbehrt nach des Kaisers Meinung Frankreich nicht allein
des Einflusses, den es in Italien haben könnte, sondern
es ist sogar gezwungen, um die romanische Schwester, die
Halbinsel, welche so viele französische Ruhmesthaten gese=
hen, nicht gänzlich den Oestreichern zu überlassen, sich an
dem verderblichen Werk der Fesselung Italiens zu bethei=
ligen. Statt des Dankes, den sich der Kaiser von Italien
verdienen könnte, sendet es ihm seine Mörder.

Ein besonders bedeutungsvoller Gesichtspunkt ist noch
das Papstthum. Der Katholicismus ist in Frankreich noch
zu mächtig, als daß eine Dynastie, welche der Feinde genug
zählt, sich mit der Kirche Frankreichs als solcher verfeinden
möchte. Dazu kommt, der Kaiser ist unter dem Beistand
der Kirche zur Herrschaft gelangt, weil die Kirche sich von
ihm Besseres, als von der Republik und den Orleans, ver=
sprach. Und der Kaiser liebt den Undank nicht.
Andererseits bleibt die päpstliche Kirche in Frankreich so
gut, wie überall, eine auswärtige Macht. Eine volksthüm=
liche Regierung Frankreichs kann sich dieser Macht nicht

unterthan machen. Der Kaiser will keine excentrische Rich=
tung des französischen Volksgeistes. Er will, daß alle Rich=
tungen sich auf den **nationalen Mittelpunkt** vereinigen. Was
bleibt also übrig? Das Papstthum zu einem französi=
schen Nationalinstitut zu machen. Der Gedanke ist
großartig, um so mehr, weil er möglich ist. Die Stellung
des Papstes als **Haupt des italienischen Staatenbundes**,
ohne über einen eigenen Staat zu verfügen, wenn sie nicht
bedeutungslos sein soll, setzt voraus, daß das **Papstthum**
eine geistige Macht bleibt, welche die weltlichen Gegensätze
in diesem Staatenbunde durch ihren moralischen Einfluß zu
ermäßigen und zu lenken im Stande ist. Einen geistigen
Einfluß aber zu behalten und zu befestigen, hat das **Papst=**
thum in der That mehr Aussicht in Frankreich, als in
Italien, welches dem Papstthum innerlich viel entfremdeter
ist. Um aber eine geistige Macht in Frankreich zu bleiben,
darf das Papstthum sich zu der kaiserlichen Dynastie nicht
in Gegensatz stellen, ja, es muß die Zwecke des **Kaiser=**
thums zu den seinigen machen. Nur als Diener eines be=
stimmten großen Staatssystems vermag das Papstthum noch
eine Rolle zu spielen. Der **Papst, Haupt der französischen**
Kirche, dem Namen nach alle frühern Ansprüche beibehal=
tend, Vorsitzender des italienischen Staatenbundes, nicht
mehr Leiter, aber Schiedsrichter der weltlichen Angelegen=
heiten Italiens, wäre in der That möglicherweise für eine
Zeitlang eine Befestigung des Bandes zwischen Italien und
Frankreich, eine Macht, welche in ihrer Doppelstellung bei=
den Völkern einen **gegenseitigen** Glanz zu geben schiene.
Frankreichs Bischof wäre Italiens Haupt. Aber Italiens
Haupt an seinem uralten italienischen Wohnsitz wäre Frank=

reichs Bischof. Man wüßte nicht, ist der Papst als Papst
Frankreichs Kirchenhaupt — das wäre schmeichelhaft für
die Italiener, — oder ist Frankreichs Kirchenhaupt Italiens
Bundeshaupt — das wäre schmeichelhaft für die Franzosen.

Die Art der Ausführung des kaiserlichen Planes hängt
natürlich von den Umständen ab. Wahrscheinlich ist aber,
daß der Kaiser eine Vergrößerung Sardiniens, ein mittel-
italisches Königreich für den Prinzen Napoleon und die Einsetzung der Murats in Neapel beabsichtigt. Seit der sardinischen Heirath sind diese drei Familien unter einander sowohl, als mit dem Kaiser nahe verwandt. Italien würde
von Napoleoniden beherscht. Das alte savoyische Königshaus würde mehr und mehr in den Kreis der Napoleoniden
hineingezogen. Italien würde durch eine gemeinsame Han-
delspolitik, durch gleichartige Einrichtungen soweit thunlich
auch auf andern Gebieten, namentlich aber durch eine gleichartige Heeresbildung und Flotte eng verbunden. Für die
gemeinsamen Angelegenheiten der italienischen Staaten würde
ein Bundesrath unter dem Vorsitz des Papstes eingesetzt.
Uebrigens wäre das mittelitalische Königreich die gründlichste
Beseitigung des bisherigen Kirchenstaats und seiner elenden
Verwaltung. Der Kaiser wird sehr weit entfernt sein, die
napoleonischen Dynastien in Italien auf despotischen Fuß
zu setzen. Er wird dem liberalen Geschmack seines Vetters
sowohl, als dem des sardinischen Hauses vollen Spielraum
lassen und in Neapel sogar seinerseits zu verfassungsmäßigen
Einrichtungen den Anstoß geben. Diese Neubildung Italiens
ist sogar aller Wahrscheinlichkeit nach der vortheilhafteste
Anlaß für ihn, die Zügel seiner Herrschaft in Frankreich
etwas zu lockern, ohne den Anschein einer aus den innern

Zuständen Frankreichs herkommenden Gewalt. Alles spricht dafür, daß der Kaiser diesen Anlaß sucht, und daß dieses Suchen eine der vielen Triebfedern der italienischen Unternehmung ist.

Von einer völligen Einheit Italiens will der Kaiser Nichts wissen, wie aus der sogenannten laguerronnière'schen Flugschrift hervorgeht. Dennoch wird er den Italienern diese Aussicht zeigen, indem er auf die nahe Verwandtschaft ihrer Dynastien deutet und deren vertragsmäßige Erbverbrüderung gutheißt. Er wird keinen Anstand nehmen, zur Beruhigung Europas und Italiens die französische Dynastie von dieser Erbverbrüderung durch besondere Festsetzung auszuschließen. Er wird den Italienern sagen, daß sie jetzt eine völlige Einheit selbst nicht ertragen würden, daß sie unter den eng verbundenen Zweigen Einer Herrscherfamilie erst zusammenwachsen müssen.

Was sollen wir Deutschen und Preußen zu diesem Plan sagen? Ein Italien, von den Fesseln seiner Entwickelung befreit, dem seine volle Lebenskraft zurückgegeben, von Frankreich nicht unterworfen, aber eng mit ihm verbunden: ist dieses Verhältniß nicht ein so gefährlicher Zuwachs der französischen Macht, daß wir wo möglich mit ganz Europa dagegen handeln müssen? Diese Folgerung hat den Schein für sich und ist dennoch fehlerhaft, ja widersinnig. Ein gesegnetes Land und ein edles Volk daniederhalten, damit nicht etwa Jemand von seiner Freundschaft Vortheil ziehe, ist ein Frevel, der sich an jedem Theilnehmer unerbittlich vergelten wird. Wenn die Freundschaft eines lebendigen Italien zunächst dem Befreier zufallen wird, so mag sich Jeder anklagen, dieses edle Werk dem französischen Kaiser

überlassen zu haben, der dazu Beruf hatte. Vor Allem
Oestreich, dann England, mittelbar auch Deutschland haben
diesen Beruf versäumt. Der Kaiser kann aber Italien nicht
in willenlose Abhängigkeit versetzen. Darin liegt die Ge=
währ gegen die europäische Gefahr des französisch = italie=
nischen Bundes. Der Bund wird so weit reichen, als Ita=
liens nationale Vortheile reichen. Der Bund wird Italien
nicht allen, auch den willkührlichen Zwecken des Kaiserthums
dienstbar machen. Die napoleonischen Dynastien in Italien,
wenn sie einwurzeln wollen, müssen den Bedürfnissen ihrer
Völker gemäß handeln. Hat doch schon der erste Napoleon
die Erfahrung gemacht, daß Murat in Neapel die eigenen
Zwecke von dem Kaiserreich trennte. Dieses Verhältniß
wird sich jetzt viel schneller und wirksamer herausbilden. Nur
in der durchgeführten Mäßigung des französischen Kaiser=
thums liegt die Gewähr des französich = italienischen Bundes.

In Bezug auf Deutschland und Preußen ist aber vor
Allem Folgendes hervorzuheben. Nicht dadurch, daß man
Völkereinöden schafft, erwehrt man sich fremder Uebermacht,
— dies ist so frevelhaft wie unsinnig — sondern durch
Steigerung der eigenen Kraft. Wenn Deutschland sich von
den Fesseln seiner Kraft befreit, ist es reichlich so stark,
als Frankreich und Italien.

Dagegen dünkt manchen Köpfen das Papstthum als kai=
serliches Werkzeug eine Gefahr für die deutsche katholische
Welt, die um keinen Preis zu dulden wäre. Gerade auf
der Gegenseite wird die Wahrheit liegen. Die Stellung,
welche das Papstthum erhalten soll, ist der glänzendste Theil
des kaiserlichen Planes, vielleicht auch derjenige, dessen Wir=
kungen die weitreichendsten sein werden, aber sicherlich solche,

welche am meisten der Absicht ihres Urhebers sich entziehen. Sowie die Abhängigkeit des Papstthums von dem politischen System des Kaiserreichs der Kirche kundbar geworden, entsteht in der katholischen Welt eine Bewegung, durch welche das vielhundertjährige Reich der päpstlichen Monarchie aufgehoben wird, und der nie erloschene Gegensatz der bischöflichen Aristokratie zum Recht gelangt. Es bilden sich Nationalconcilien der katholischen Kirche in den großen europäischen Reichen. Die katholischen Landeskirchen werden sich in weltlichen Dingen den Landesherren unterwerfen, in geistlichen Dingen nach und nach landesthümliche Verfassungen und Rechte ausbilden, die sich an den alten Kern anlegen. Eine solche Stellung hat die sogenannte gallicanische Partei für die Kirche Frankreichs längst erstrebt. Der kaiserliche Plan würde dieses System zum Siege bringen. Nur daß die gallicanische Kirche sich mit dem Anspruch der allgemeinen Herrschaft bekleidet hätte, den sie nie erreichen könnte. Ungewöhnliche Menschen werden zu Heroen, wenn ihre Unternehmungen wohlthätige Umwälzungen hervorrufen, welche, weit über den gefaßten Plan hinausliegend, in der Anlage der Menschheit vorbereitet, des Anstoßes harren. Der Katholicismus kann nicht untergehen. Die symbolische Cultusform, die Kirche, welche die vollbrachte Versöhnung der Seele der Menschheit darbringt, anstatt die Seele auf das eigene Ringen um den Glauben zu verweisen, ist noch auf unabsehbare Zeit das Bedürfniß großer Theile der Menschheit. Das Bedürfniß wird vielleicht nur mit der Menschheit selbst untergehen. Aber der Katholicismus muß eine andere Form annehmen. Er muß sich dem großen Zug der Zeit, der nationalen Lebendigkeit anschließen, oder die

Sache der Religion und sittlichen Bildung ist in großen Theilen der Menschheit gefährdet.

Um solche Folgen handelt es sich bei der napoleonischen Unternehmung. Der Deutsche, Katholik und Protestant, kann diese Folgen nicht schnell genug herbeiwünschen.

———

Aber was wird aus den europäischen Verträgen? ruft man uns zu. Die kaiserliche Flugschrift antwortet, daß die Verträge, welche das internationale Recht bilden, ebenso wenig als unbeweglich zu denken sind, wie das innerstaatliche Recht. Das wäre nicht richtig? Man kann den Satz in der That kaum beweisen, weil er unwidersprechlich ist, weil man nur Selbstverständliches dafür vorbringen kann. Und der Satz wäre unerhört? Das Selbstverständliche ist Jedem bekannt. Aber uns Preußen ist der Satz in einer viel unumwundneren Form eingeprägt, als ihn die heutige pariser Flugschrift ausdrückt. In der Vorrede zur Geschichte seiner Zeit spricht Friedrich der Große den Verträgen der Staaten die Verbindlichkeit ab, wenn sie dem Besten eines Staates nicht mehr gemäß sind. Friedrich der Große: Histoire de mon temps. Avant-propos 1746. „Vous verrez dans cet ouvrage des traités faits et rompus, et je dois vous dire à ce sujet, que nous sommes subordonnés à nos moyens et à nos facultés; lorsque nos intérêts changent, il faut changer avec eux. Notre emploi est de veiller au bonheur de nos peuples: dès que nous trouvons donc du danger ou du hasard pour eux dans une alliance, c'est à nous de la rompre plutôt que de les exposer; en cela le souverain se sacrifie pour le bien de ses sujets. Toutes les annales de l'univers en fournissent des exemples et on ne peut en vérité guère faire autrement. Ceux qui condamnent si fort cette conduite, sont les gens qui regardent comme quelque chose de sacré la parole donnée; ils ont raison, et je pense comme eux en tant que particulier, car un homme qui engage sa parole à un autre, dût-il même avoir promis inconsidérement une chose que tournât à son plus grand préjudice, doit la tenir, puisque l'honneur est au-dessus de l'intérêt; mais un prince qui s'engage, ne se commet pas lui seul, sans quoi il serait dans le cas du particulier, il expose des grands Etats et des grandes provinces à mille malheurs: il vaut donc mieux, plutôt que le peuple périsse, que le souverain rompe son traité. Que dirait-on d'un chirurgien ridiculement scrupuleux, qui ne voudrait couper le bras gangrené d'un homme, parceque couper un bras est une mauvaise action! Ne voit-on pas, que c'en est une bien plus mauvaise de laisser périr un citoyen que l'on pouvait sauver? J'ose dire que ce sont les circonstances d'une action, tout ce qui l'accompagne et tout ce qui s'ensuit, par où on doit juger si elle est bonne ou mauvaise; mais combien peu de personnes jugent ainsi par connaissance de cause! L'espèce humaine est moutonnière, elle suit aveuglement son guide: qu'un homme d'esprit dise un mot, cela suffit pour que mille fous le répètent." In dem Vorwort von 1775 kehrt derselbe Gedanke in etwas veränderter Ausführung wieder.

Die Heldenweisheit, welche uns auf die erhabenen Pfade der Geschichte geführt, sollten wir heute verläugnen, aus feiger Besorgniß, daß man sie gegen uns anwende? Man droht uns mit dem Verlust des linken Rheinufers. Wenn uns blos die Verträge den Rhein schützen, dann sind wir übel daran. Ich denke, wir besitzen den Rhein, weil er auf beiden Ufern von deutscher Bevölkerung bewohnt ist, und weil unser Wille die Kraft hat, den Besitz zu behaupten. Der Angriff wäre muthwillig, weil er nur zu einem blutigen Ringen, vielleicht mit Unterbrechungen, aber ohne Ende führen könnte. Wenn wir nicht Sorge tragen, unsere Kraft so zu pflegen, daß wir den Rhein jederzeit behaupten oder nach jedem augenblicklichen Verlust wiedergewinnen können, so werden wir ihn trotz der Verträge mit Recht verlieren.

3.

England und Rußland.

———

Kann England die gewaltige Verstärkung der französischen
Macht im Mittelmeer gegen die orientalische Welt und
Afrika hin, welche in dem kaiserlichen Plan liegt, dulden?
Kann England auch nur einen Augenblick die Keime einer
solchen Gründung legen sehen, ohne Alles dagegen aufzu=
bieten? Muß es nicht unverzüglich Oestreich zu Hülfe eilen?

Sprechende Zeichen deuten darauf hin, daß der vor=
jährige Besuch der Lords Palmerston und Clarendon bei
dem Kaiser Napoleon in Compiegne eine Verständigung
über den italienischen Plan zwischen dem hohen Wirth und
seinen Gästen zu Wege gebracht hat. Wir sehen schon jetzt
die Versuche hervortreten, das Whigministerium zur Zeit
der italienischen Unternehmung wieder in's Amt zu bringen.
Schlägt dieser Plan fehl, so wird Palmerston's und seiner
Anhänger Einfluß, in Verbindung mit der Gesammtlage
Englands hinreichen, das Toryministerium von jedem wirk=
samen Entgegenhandeln zurückzuhalten. Gewinnen die
Whigs die Aemter wieder, so werden sie nicht kriegerisch
für Napoleon eintreten, aber sonst das Unternehmen auf
jede Weise begünstigen, und indem sie es in gewissen
Schranken zu halten suchen, den Verlauf desselben zu be=

schleunigen sich bemühen. Die Handlungsweise Englands wird nicht sehr abweichen, ob die Whigs, ob die Tories im Amte sind.

Wie ist nun das zu erklären? Sollen wir uns an Urquhart und seine Schule wenden, um die Auskunft zu vernehmen, daß, wo immer in der Welt ein Werk des Teufels ausgeheckt und vollführt wird, Lord Palmerston dahinter steckt?

England hat ernste Gründe, nicht anders zu handeln, und Lord Palmerston zeigt sich diesmal wenigstens — es geht uns hier Nichts an, wo er dies nicht gethan — als Engländer und als weitblickender Staatsmann. Napoleon sich zum Feind machen, wenn man nicht gewiß ist, bei offner Gegnerschaft am besten den Vortheil Englands wahren zu können, verbietet jede gesunde Staatsweisheit. Man hat gesagt, das englische Bündniß habe für Napoleon den Zweck, England für jetzt von Zerstörung der napoleonischen Gründungen abzuhalten, bis das Kaiserreich zum offnen Gegenübertreten erstarkt sei. Die Bemerkung gilt wenigstens ebenso umgekehrt. Es sind wunderliche Zusammenfindungen möglich, wenn England Napoleon zum Gegner hat. Der Widerstreit der russischen und englischen Weltstellung ist vor der Hand zu beschwichtigen, aber nicht auszugleichen. Das Verhältniß Englands zu Amerika ist höchst bedenklich. Auch hier stehen ungeheure, unaufgebliche Machtstellungen für England auf dem Spiel, an deren Bedeutung die italienische Frage nicht hinanreicht. Dazu kommt, daß England den Kaiser, der Englands in anderer Hinsicht ebenso bedarf, wie England vorläufig Napoleons, als Bundesgenossen leicht in gewissen Schranken hält.

England kann sich aber auch die italienische Nation nicht zum Feind machen. Mit großem Geschick erinnert die kaiserliche Flugschrift daran, wie England seit Jahren strebt, die Freundschaft des italienischen Volks wenigstens nicht zu verlieren, indem die englische Politik sich ununterbrochen, wenn auch ohne Erfolg, zu Gunsten Italiens bemüht. Gerade weil Italien ein so wichtiger Punkt ist, darf seine Freundschaft nicht verscherzt werden. Der stärkste Trieb eines Volkes bleibt die Unabhängigkeit. Lord Palmerston mag hoffen, den Italienern dereinst als Beschützer gegen die französische Bevormundung willkommen zu sein. So bleibt England in Italien einflußreich, einflußreicher als jetzt. Denn die Italiener werden weniger unterdrückt und in so fern weniger schutzbedürftig, aber auch stärker und gegen fremdes Uebergewicht weit empfindlicher sein. So kann England die zu große Stärke der französischen Mittel=meerstellung am besten vermindern, wenn es von Anfang als Mitgründer und Mitbeschützer der italienischen Unab=hängigkeit auftritt.

Was gäbe es für ein anderes Mittel, die französische Gefahr abzuwenden? Italien Oestreich überliefern? Das hieße Italien desto sicherer in die Arme Frankreichs treiben. Das hieße eine ewig gefährliche, unhaltbare Stellung schaffen. Und dann, was würde Oestreich mit Italien anfangen? Den Zwecken Englands dienen, weil die östreichische Herr=schaft von England gestützt wäre? Alle Welt kennt die östreichische Meisterschaft im Undank.

Welches ist Rußlands Stellung? Rußland hat erfahren, was die Feindschaft Napoleons in der orientalischen Frage bedeutet. Ohne für jetzt zu großen Unternehmungen zu schreiten, sucht es doch unbemerkt die Verluste im Orient wieder auszugleichen, welche ihm der letzte Krieg gebracht hat. Dazu bedarf es der Nachsicht Napoleons. Rußland hofft ihn bei dem endlichen Austrag der orientalischen Frage ganz auf seine Seite zu ziehen. Für diesen Zweck darf es ihn jetzt auf seinem Wege nicht hindern. Dieser Weg verfolgt ohnedies ein Ziel, welches Rußland keine neuen Gefahren bringt. Ob Oestreich, England oder Frankreich die italienische Stellung ausbeutet, immer wird es eine Macht sein, die Rußland gegenüber selbstständig ist. Rußland selbst kann ja doch Italiens sich nicht bemächtigen. Wohl aber kann Rußland durch Begünstigung des französischen Unternehmens einen unschätzbaren Vortheil erlangen, eine vorläufig unangefochtene Hafenstellung im Mittelmeer. Ein unschätzbarer Vortheil, weil einmal Rußland vorläufig im schwarzen Meere keine Kriegsschiffe halten kann, und weil das Wasser der russischen Häfen der Haltbarkeit der Schiffe so nachtheilig ist.

———

Dies ist Englands und Rußlands Verhältniß zur heutigen italienischen Frage. Durch eine wunderliche Verkettung sind die beiden feindlichen Weltmächte zur gleichen Begünstigung des französischen Unternehmens geführt. Doch haben sie auch das Bestreben gemein, Oestreich außerhalb seiner italienischen Stellung nicht vermindern zu lassen. Die sogenannte Localisirung des Kriegs ist Nichts weniger als

eine Phrase. England muß darauf bestehen, um Deutsch=
land nicht in den Krieg zu ziehen, wodurch Englands Lage
zwischen Napoleon und Deutschland, welche Beide England
nicht zu Feinden haben will, schwierig würde. Rußland
muß darauf bestehen, trotz aller Vergeltungssucht gegen
Oestreich, welche wir vorhin nicht einmal in Anschlag zu
bringen nöthig hatten, nahezu aus demselben Grunde, wie
England. Jede Handlungsweise, welche die dauernde Feind=
schaft Deutschlands nach sich zieht, verbietet sich in der
jetzigen Weltlage den Engländern wie den Russen. Beide
hätten dadurch Napoleon zum einzigen Bundesgenossen —
ein allzu abhängiges Verhältniß! — weil ihr eigener Zwie=
spalt unversöhnlich ist. Es braucht nicht gesagt zu werden,
daß Deutschland die Localisirung des Kriegs fordert. Der
Inhalt dieser sogenannten Phrase ist aber auch für Napoleon
wichtig und darum eine Wahrheit. Wenn er auch gern
den Frieden in Wien dictiren möchte, so weiß der kluge
Politiker doch vollkommen, was Alles er gegen sich auf=
regen würde, wenn seine Macht, gleich der altnapoleonischen,
ganz Europa allzu drohend erschiene.

4.

Oeſtreich.

———

Die öſtreichiſche Politik ſeit Schwarzenberg, ſo oft der Welt als ein Muſter von Großartigkeit, Kühnheit, Selbſtbewußtheit verkündigt, erntet jetzt ihre nothwendigen Früchte. Wenn man nach allen Weltrichtungen große Herrſchaftspläne verfolgt, und folglich zahlreiche Feinde erwirbt, ſo muß man wenigſtens den Bund wohlthätiger und unbeſiegbarer Kräfte des Völkerlebens ſuchen und aufrichtig annehmen, damit man auch mächtige Freunde habe. Das Alles hat die öſterreichiſche Politik nicht nur verſäumt, ſie hat, niederen Bedürfniſſen egoiſtiſch entgegenzukommen ſuchend, den edlen Neigungen aller Völker, mit denen ſie in Berührung ſteht, in's Geſicht geſchlagen, ja, ſich als den gefährlichſten Feind dieſer Neigungen dargeſtellt. Oeſtreich hat auf Nichts vertraut, auf Nichts gerechnet, als auf die Rückſichtsloſigkeit ſeiner Mittel. Eine gefährliche und zum Heil der Welt eine falſche Rechnung!

Die Lage Oeſtreichs, ſcheinbar ſo glänzend, ſo imponirend, war ein dankbares Feld praktiſcher Kritik für einen kühn beſonnenen Staatsmann. Der Kritiker hat ſich gefunden. Wer einen Gegner braucht, wird ſich die Macht ſuchen, welche am leichteſten zu iſoliren iſt, indem ſie ſich mit den meisten Bestrebungen in Widerstreit gesetzt hat. Beherrscht diese vielfach verfeindete Macht unter Anderm einen Schauplatz, auf welchem der Kritiker am natürlichsten einen wohlthätigen Erwerb für sich selbst machen kann, um so günstiger liegt sein Spiel. Dies ist genau der Fall zwischen Napoleon und Oestreich. Oestreich hemmt die natürliche Entwickelung — von dem, was es seinen eignen Völkerbruchstücken anthut, zu geschweigen — in ganz Deutschland, wie in ganz Italien. Es ist nicht der mächtigste und entschlossenste, aber der unbequemste Gegner Rußlands, und es hat Rußland über alle Nothwendigkeit hinaus durch die Art des gegnerischen Auftretens verletzt. Es hat Preußen gedemüthigt, England seit langer Zeit zuwider gehandelt, und Frankreich durch Vereitelung vieler Lieblingswünsche gereizt. Das sind viel Triumphe. Aber die Nemesis ist vor der Thür. Eine Vergeltung, welche von Deutschlands Aufopferung getheilt, aber nicht ferngehalten werden könnte.

Was soll Oestreich thun? Mag es den Kampf durch Opfer vermeiden oder durch den Kampf zu Opfern gezwungen werden; die Opfer sind unvermeidlich, auch wenn es ehrenvoll kämpft. Das System Schwarzenberg ist gerichtet und auf immer unmöglich geworden. Aber viel mehr ist gerichtet. Der ganze hundertjährige Grundzug des östreichischen Staatssystems. Die große Stunde naht für Oestreich, wo es sich von seinem schlimmen Genius befreien muß.

Es wird einst kein geringer Ruhm Napoleons III. sein, daß seine Gegnerschaft großen Staatssystemen des neunzehnten Jahrhunderts ihre wahre Natur zurückgegeben und dieselben von den verderblichen Wegen befreit hat, welche sie eingeschlagen. Wer kann läugnen, daß dies mit Rußland der

Fall ist? Rußland unter Nicolaus, verleitet durch die schwächliche Befangenheit der europäischen Cabinete und durch den geistesengen Haß seines Herrschers gegen die sogenannte Revolution, — welches Wort nicht bloß die phantastischen Wünsche, sondern jedes Aufstreben der Völker bedeutete — übte in Europa eine Art hochmüthiger Dictatur, eine Art Polizei in und über den Staaten. Dafür belud es sich mit der Furcht und dem Haß der Völker. Aber noch mehr. Aus beschränktem Revolutionshaß unterdrückte es den Fort= schritt seines eignen Volks. Als der Krieg kam, konnten seine Freunde in den Cabineten kaum den Haß der Völker von einem Kreuzzug zurückhalten, und Rußland, obwohl nur mit zwei Mächten kämpfend, durch seine fast unnahbare Lage geschützt, sah an der Vertheidigung eines einzigen Punktes innerhalb Eines Jahres seine Menschen= und Geld= kraft sich erschöpfen. Der Friede war nothwendig, damit Rußlands Schwäche nicht in der furchtbarsten Niederlage der Welt offenbar werde. Es verdankt ihn der Politik des Kaisers Napoleon. Mit genialer Entschlossenheit hat Ruß= land seitdem einen vollkommen neuen Weg eingeschlagen. Es hat den Kampf gegen die innere und äußere Bewegung der europäischen Staaten aufgegeben. Es sucht mit den größten Maßregeln das eigene Volk der Bildung und ge= sellschaftlichen Befreiung entgegenzuführen. Rußland hat begriffen, daß der Besitz eines gewaltigen Flächenraums, wenigstens wenn man noch große Pläne verfolgt, nicht hinreicht, den Haß der Welt zu ertragen und die eigene Volkskraft ungestraft nach willführlichen Neigungen, statt nach der menschlichen Natur zu behandeln.

Aehnlich muß die jetzige Krisis auf Oestreich wirken,

wenn sich nicht von dieser Epoche sein unaufhaltsamer Ver-
fall herschreiben soll. Oestreich hat seine Ansprüche ungeheuer
überspannt. Es hat seinen Völkern nie die Freiheit gelassen,
sich natürlich zu entwickeln, und ihren Kräften nie die Zeit,
sich zu erholen. Aus der Ueberspannung der Ansprüche
folgte die Ueberspannung der Kräfte, aus dieser das ver-
derbliche Finanzsystem, die Ueberbürdung des Staats durch
Schulden, das gehässige Zoll- und Monopolwesen. Aus
diesem Allen folgte endlich die Rücksichtslosigkeit der Mittel.
Eine Politik, welche bei den umfassendsten Plänen sich nur
auf eine überbürdete und unzuverlässige Kraft stützen kann,
muß nothwendig treulos und dabei kleinlich sein, weil sie
um jedes vorübergehenden Vortheils willen die Rolle des
Freundes annehmen muß, die sie nicht durchführen wird.

Von dem Allen muß sich Oestreich durch einen großen
Entschluß losmachen. Den Besitz, den es in Italien ver-
liert, sei es unterworfenes oder durch Einfluß beherrschtes
Land, muß es in der jetzigen Gestalt nie wieder gewinnen
wollen. Wenn es auf die jetzige Art der Herrschaft redlich
verzichtet, kann es dereinst Italiens uneigennütziger Bundes-
genosse gegen jede andere Unterdrückung werden und dadurch
viel mehr wahren und auch für Oestreich selbst heilsamen
Einfluß erwerben, als jetzt. Oestreich darf die Organisation
Deutschlands nicht länger hindern. Nur so kann es Deutschland zum wahren und starken Freund gewinnen, der in
Oestreichs Erfolgen nicht mehr die eigene Gefahr aufsteigen
sieht. Wenn Oestreich Preußen als allein leitende Bundes-
macht anerkennt, mit dem Bund sich nur durch Preußen
verbindet, jede unmittelbare Stimme im Bundesrath und
Einfluß auf die einzelnen Bundesstaaten aufgibt, seine Be-

satzungen aus den Bundesfestungen zurückzieht, so kann
Deutschland eine Menge Maßregeln durchführen, die seine
Kraft auf das Höchste steigern und dem ganzen deutschen
Leben einen ungeahnten Aufschwung geben. Dieser Aufschwung des deutschen Lebens, den Oestreich jetzt hindert,
weil es an demselben sowohl unmittelbar theilnehmen, als
ihn nach dem politischen System Oestreichs lenken möchte
— dieser Aufschwung ist doch Oestreichs höchstes Bedürfniß.
Denn — und das ist der größte Entschluß, den Oestreich
fassen muß — die Schöpfungen, welche die Kraft des
geeinten von dem östreichischen System ungehinderten Deutschland erzeugt, muß Oestreich auf sein Gebiet verpflanzen.
Selbst sie hervorbringen kann es nicht. Oestreich muß der
deutschen Entwickelung folgen. Wer langsamer vorschreitet,
kann aber nicht der unmittelbare Theilnehmer und noch
weniger der Führer einer zum raschen Fortschritt bestimmten
Gesellschaft sein. Das ist der Widersinn der jetzigen Ansprüche Oestreichs in Deutschland. Oestreich muß Deutschland dem Freihandel entgegeneilen lassen und uns auf diesem
Wege, seinen Verhältnissen entsprechend, langsamer folgen,
nicht aber uns aufhalten und in sein barbarisches Schutz-
und Monopolsystem hineinziehen. Oestreich muß dem Protestantismus in seinen Ländern volle Gleichberechtigung geben
und die neue Organisation der protestantischen Kirche, welche
sich in dem geeinten Deutschland herausbilden wird, in
seinen Staaten, wiederum seinen Verhältnissen entsprechend,
nachbilden, nicht aber als päpstliche Großmacht unsere kirch-
liche Entwickelung stören.

In Einer großen Angelegenheit kann es vorangehen und
hat dazu dringende Veranlassung. Es kann in seinen Staaten

zuerst ein Nationalconcil der katholischen Kirche hervorrufen. Aber auch hiergegen muß die deutsche katholische Welt selbst= ständig bleiben.

Was Oestreich durch diese Maßregeln gewinnen würde? Es würde einen Kampf gegen Völkerbestrebungen aufgeben, der seine Kraft verzehrt, ohne ihm je den Sieg zu verheißen. Es würde starke Freunde gewinnen. Es könnte seine innern Kräfte in ruhiger Entwickelung für die große Entscheidung im Osten erziehen, von deren Antheilen die künftige geschicht= liche Rolle der europäischen Völker abhängen wird. Bei Weitem das Wichtigste aber ist: es könnte das eiserne Band von seinen eigenen Völkern nehmen. Es könnte dieselben zu der sittlich politischen Freiheit des deutschen Nordens erziehen. Dadurch gewänne es, was es jetzt vergeblich mit Gewaltmitteln erstrebt: eine Nationalität. Zunächst mit Geistiger, dann mit politischer Freiheit ausgestattet, von den Früchten des neuen deutschen Aufschwungs genährt, würde die deutsch=östreichische Bevölkerung die verschiedenen bar= barischen Bevölkerungen Oestreichs, auch wenn diesen die gleiche Freiheit gestattet ist, bald unbestritten überflügeln und nach und nach sich anbilden. Die jetzigen Germanisirungs= versuche sind wirkungslos und gefährlich, weil sie sich nur auf die Gewalt stützen. Wie kann man barbarischen Völkern zumuthen, die Volksthümlichkeit einer unfreien, wenig ge= achteten, selbst sehr unvollkommen entwickelten Bevölkerung anzunehmen? Zuletzt: nur auf diesem Wege kann Oestreich endlich einmal seine sogenannten unerschöpflichen Hülfsquellen entwickeln. Diese Hülfsquellen mögen in der Natur vor= handen sein. Sie liegen aber so lange nur im Gebiet der Möglichkeit, als nicht Kapital und Arbeit sie zu fließenden

Brunnen gemacht haben. Das Kapital muß gebildet, die
Arbeit muß erzogen werden. Dazu gehört politisch Ruhe
und wirthschaftlich freie Bewegung. Keine kostspielige und
ausschweifende Politik darf die bereits unverhältnißmäßige
Schuldenmasse vermehren und die Entwickelung des Volks-
vermögens durch ihre verschlingenden Ausgaben beeinträch-
tigen.

5.

Das preußisch-deutsche Vaterland.

———

Daß Preußen sich für das heutige System östreichischer Politik in Italien und Deutschland schlage, nahezu gegen die Welt schlage, von Oestreich mangelhaft und eigennützig unterstützt, von den unorganisirten Kräften Deutschlands wenig gestärkt: über diese Zumuthung verlieren wir weiter keine Worte. Es ist nicht zu viel behauptet, daß Preußen als östreichischer Schildknappe nahezu die europäischen Groß= staaten gegen sich haben würde. Wie großen Werth auch England auf ein freundschaftliches Verhältniß mit Preußen zu legen Ursach habe, für den Augenblick ist ihm Napoleons Freundschaft nothwendiger. Im Kriege zwischen Preußen und Frankreich wird Englands Stellung für uns durchaus keine günstige sein. Es ist denkbar, daß England sich zu einem für uns nachtheiligen Verfahren gedrängt sähe. Mindestens dasselbe gilt von Rußland.

Dagegen kommt Preußen dem Wunsche Englands und Rußlands entgegen, wenn es sich mit ihnen für die Locali= sirung des Krieges erklärt. Die Phantasie des Publicums, von Furcht getrieben, hält diese Beschränkung des Kriegs= schauplatzes für eine Unmöglichkeit. Als ob das europäische Staatensystem ein altes Haus wäre, wo Alles einfällt, wenn

man zu bauen anfängt, und nicht vielmehr ein fester Orga=
nismus, der nur an einzelnen Stellen theils unausgebildet,
theils schadhaft ist. Napoleon wird den Krieg nicht über
die Alpen tragen, wenn er den Willen Europas und auch
nur Deutschlands gegen sich sieht. Er würde es vielleicht
nicht einmal thun, auch wenn er unmittelbar keinen einzigen
neuen Gegner dadurch erhielte. Der Krieg in Italien kann
sehr wohl dem Krimkrieg gleichen. Er kann das Ringen
um eine militärische Position darstellen, wo es darauf an=
kommt, wessen Kräfte am längsten nachhalten, des Verthei=
digers oder des Angreifers.

Es braucht aber auch gar nicht zum Krieg zu kommen.
Oestreich, wenn es seine jetzige Macht in Italien allein zu
vertheidigen genöthigt ist, wird sich zu Nachlassungen ver=
stehen. Der Krieg ist nur gewiß, die Localisirung des
Krieges ist nur unmöglich, wenn Preußen den — es gibt
kein Wort dafür — beginge, die jetzigen Zustände Italiens
für Oestreich vertheidigend, nicht am Po den Rhein, sondern
am Rhein den Po schützen zu wollen.

Wenn Preußen die Stellung annimmt, mit England
und Rußland die Localisirung des Krieges zu verbürgen,
so erweist es diesen Staaten, sowie Frankreich, Italien und
Deutschland einen wahren Dienst. Es zeigt sich gegen das
Gerechte, was in dem Plan des Kaisers und in den Wün=
schen Italiens liegt, günstig und bewahrt Deutschland, Eng=
land und Rußland vor Anstrengungen und unabsehbaren
Wechselfällen. Sein Verhältniß zu Oestreich kann nicht
schlimmer werden, als es ist. Oestreich ist jetzt der in
Preußens äußere Lebenssphäre übergreifende und ebenso dem
innern Leben Preußens feindliche Nebenbuhler. Daß ledig=

lich Preußen es ist, welches die Localisirung des Krieges
bewirkt, daß wenigstens Rußland ohne die Rücksicht auf
Preußen kein Interesse an dieser Localisirung hätte, das
den Krieg überhaupt zu verhindern in Preußens Macht gar
nicht liegt: das Alles wird uns Oestreich zwar nicht danken.
Wohl aber ist möglich, daß Oestreich durch die gegenwärtige
Krisis endlich über das Maß seiner Kräfte, über die Zweck-
mäßigkeit seiner Ansprüche belehrt wird, und damit über
die Richtigkeit der Stellung, die es in und zu Deutschland
angenommen hat. Stand doch schon im Jahr 49 der Politik Schwarzenberg das Programm Andrian gegenüber.

Für den Dienst, welchen Preußen Frankreich, England
und Rußland leistet, muß es die deutsche Lösung der schles-
wig-holsteinischen Frage fordern. Das Ziel ist zu erreichen.
Denn das traurige Londoner Protocoll ist vornehmlich durch
das Zusammenhalten des Kaisers Nicolaus mit Oestreich
zu Stande gekommen. Oestreich kann jetzt in die dänische
Frage nicht eingreifen, und Rußland folgt einer veränderten
Politik.

Noch eine andere Folgerung aus der gegenwärtigen Krisis drängt sich Preußen und Deutschland auf. Wenn an
irgend einer Weltecke ein Streit entsteht, bei welchem die
deutsche Gemüthlichkeit eine wahre oder eingebildete Gefahr
für deutsche Geltung erblickt, so schallt es in ganz Deutschland: „Edel sei Preußen, hülfreich und gut!" „Edel und
gut" zu sein, hält man für unsere v......te Schuldigkeit,
ohne sich im geringsten zu besinnen, wie man gegen uns
etwa gehandelt. Schlimmer ist, daß man sich nicht fragt,
wie weit wir „hülfreich" sein können, wie weit man dazu
beigetragen, uns zum Helfen stark nicht werden zu lassen.

Jetzt sollen wir uns, damit die deutsche Gemüthlichkeit sich
an Oestreichs Macht in Italien forterwärmen könne, in den
Kampf mit einem seemächtigen Gegner stürzen. Aber den
deutschen Handel schützt keine Flotte. Keine Befestigung,
keine Vertheidigungsanstalt schützt die deutschen Küsten: der
Feind mag landen, wo er will. Nun schimpft wohl die
gedankenlose Gemüthlichkeit, daß Preußen noch keine Flotte
gebaut, daß es die Küsten noch nicht geschützt hat. Aber
dieselbe Gemüthlichkeit sagt kein Wort, wenn uns Hannover
den Bau einer Eisenbahn nach dem Jahdebusen verweigert.
Die Gemüthlichkeit findet es ganz in der Ordnung, daß
Preußen die ungeheuern Lasten einer großstaatswürdigen
Armee und Flotte allein trägt. Die Gemüthlichkeit fragt
gar nicht, ob solche Last diesem Staat möglich.

Dem muß ein Ende gemacht werden. Es ist die höchste
Zeit. Preußen muß einen höhern Antheil an den Ein=
nahmen des Zollvereins erhalten, als nach der Bevölke=
rungszahl, was an sich schon eine Ungerechtigkeit ist. Es
muß diesen Antheil fordern, um die Flotte gründen zu
können, welche den deutschen Handel beschützen soll. Die
noch dem Zollverein nicht angehörenden Küstenstaaten müssen
im richtigen Verhältniß dazu beitragen. Soll Preußen
Deutschland vertheidigen, so muß es auch über die deutschen
Vertheidigungsmittel gebieten können. Preußen muß das
Recht erhalten, mit den einzelnen Bundesstaaten beliebig
Militärconföderationen abzuschließen, welche ihm gestatten,
die deutschen Vertheidigungskräfte der preußischen Kraft
wirksam und richtig anzubilden. Das Festungssystem des
Bundes muß in Preußens alleinige Hände gelegt werden.

Alle übrigen Einigungsmittel Deutschlands mögen den

Weg des freien **Vertrags** gehen, von den Regierungen
einzeln angenommen, von den Kammern bestätigt werden.
Fällt nur die Einmischung Oestreichs weg, so schaffen Noth=
wendigkeit und gesunde Einsicht selbst auf diesem hinderungs=
reichen Wege allen wohlthätigen Einrichtungen den Durch=
gang. Wir brauchen kein Unionsparlament wieder, welches
der „Souveränität" der Einzelstaaten solchen Schrecken ein=
geflößt hat. Wird es nützlich gefunden, so können sich für
gewisse von den Regierungen vereinbarte **Vorschläge** ge=
meinsamer Gesetze Ausschüsse deutscher Kammern mit dem
preußischen Landtag vereinigen oder auch als ein drittes
Haus vorübergehend neben die preußischen Häuser treten.

Buchdruckerei von Gustav Lange in Berlin, Friedrichsstraße 103.

MIX
Papier aus verantwortungsvollen Quellen
Paper from responsible sources
FSC® C105338

If you have any concerns about our products,
you can contact us on
ProductSafety@springernature.com

In case Publisher is established outside the EU,
the EU authorized representative is:
**Springer Nature Customer Service Center GmbH
Europaplatz 3, 69115 Heidelberg, Germany**

Printed by Libri Plureos GmbH
in Hamburg, Germany